Folgt spirituellen Werten und rettet die Welt

Eine Ansprache von
Sri Mata Amritanandamayi
gehalten anlässlich der Eröffnung der
Feierlichkeiten zum 150. Geburtstag
von Swami Vivekananda,
Sirifort Auditorium, Neu Delhi
11. Januar 2013

Mata Amritanandamayi Center, San Ramon
Kalifornien, Vereinigte Staaten

Folgt spirituellen Werten und rettet die Welt

Eine Ansprache von Sri Mata Amritanandamayi
gehalten anlässlich der Eröffnung der Feierlichkeiten
zum 150. Geburtstag von Swami Vivekananda
Sirifort Auditorium, Neu Delhi, 11. Januar 2013

Herausgegeben von:
    Mata Amritanandamayi Center
    P.O. Box 613
    San Ramon, CA 94583
    Vereinigte Staaten

Practice Spiritual Values and Save the World (German)

Copyright © 2013 Mata Amritanandamayi Center,
P.O. Box 613
San Ramon, CA 94583, Vereinigte Staaten

Alle Rechte vorbehalten. Kein Teil dieses Buches darf ohne Erlaubnis des Herausgebers, außer für Kurzbesprechungen, reproduziert oder gespeichert werden oder in sonstiger Form – elektronisch oder mechanisch - fotokopiert oder aufgenommen werden. Die Übertragung ist in keiner Form und mit keinem Mittel erlaubt.

Erstausgabe vom MA Center: September 2016

In Deutschland: www.amma.de

In der Schweiz: www.amma-schweiz.ch

In Indien:
    inform@amritapuri.org
    www.amritapuri.org

रक्षा मंत्री
भारत
MINISTER OF DEFENCE
INDIA

Vorwort

Swami Vivekananda war zweifellos der größte Apostel der spirituellen und kulturellen Renaissance, die Indien im 19. Jahrhundert erlebte. Mit Stolz und Ehrfurcht erinnern wir uns an die große Mission, die der Weise unternahm, als er die Botschaft universaler Brüderlichkeit, interreligiöser Harmonie und friedlicher Koexistenz zwischen verschiedenen Gemeinschaften und Ländern verbreitete. Er war sich der Tatsache bewusst und stand dafür ein, dass Religion eine große verbindende Kraft ist und all die verschiedenen Religionen in der noblen Absicht gegründet wurden, persönliche Erleuchtung, gesellschaftliche Höherentwicklung und wahre Selbstverwirklichung zu befördern. Die Wege mögen unterschiedlich sein, doch das endgültige Ziel ist dasselbe. Somit existiert ein innerer Rhythmus zwischen den Religionen, der tief in Liebe, Mitgefühl und Hingabe verwurzelt ist. Haben wir den Kern

Folgt spirituellen Werten und rettet die Welt

dieses Ideals einmal erkannt und gestalten unser Leben im Einklang mit den zeitlosen Lehren, die unterschiedliche Religionen verkündet haben, dann beginnen wir, jeden einzelnen Menschen zu respektieren, ungeachtet seiner gesellschaftlichen Klasse, seines Glaubensbekenntnisses, seiner Religion und seiner Herkunft. Liebe und Fürsorge gegenüber unseren Mitmenschen ist das grundlegende Mantra für Frieden und Harmonie.

Durch seine wortgewaltige Redekunst und inspirierende Ausstrahlung wurde Swami Vivekananda überall in der Welt zum Symbol jugendlicher Begeisterungsfähigkeit. Er war es, der die spirituelle Botschaft Indiens, die Quintessenz der indischen Philosophie vereinfachte und dahingehend interpretierte, dass sie dem Wohlergehen der ganzen Weltgemeinschaft dient. Er lehrte die Religion der Furchtlosigkeit und ermahnte die Jugend, aufzuwachen, sich zu erheben und nicht eher zu ruhen, als bis das Ziel erreicht ist.

Anlässlich des Jubiläums zu seinem 150. Geburtstag ergreift Mata Amritandamayi Devi, überall in der Welt besser bekannt als Amma, die wunderbare Gelegenheit, Swami Vivekananda ihre hohe Anerkennung zu bezeugen. Durch einfache Beispiele aus dem alltäglichen Leben illustriert und erklärt sie die Kernbotschaft seiner Lehren. Amma ermahnt die Menschen, sich ihre geistige Reinheit und Vitalität zu bewahren, das System der Werte aufrechtzuerhalten, den Unrat der Grausamkeit aus unserem Geist zu entfernen, die Früchte unserer alten Kultur und unseres Erkenntnissystems in sich aufzunehmen, dem Pfad des dharma zu folgen und ein sinnvolles Leben zu führen, das frei ist von Furcht. Amma rät uns auch dazu, danach zu streben, die unendliche Kraft in unserem Innern zu erkennen. Außerdem propagiert sie die Botschaft, die Natur zu erhalten und die Umwelt zum Zecke des Allgemeinwohls zu schützen.

Amma benötigt keine Einführung. Meine Bekanntschaft und mein Umgang mit ihr begannen in den mittleren Neunziger Jahren, als ich Ministerpräsident von Kerala war. Ich bin sehr interessiert und beeindruckt von dem engagierten Einsatz, den sie für die Gesellschaft leistet, von der Unterstützung und dem Trost, die sie den Bedürftigen und Notleidenden zukommen lässt. Auch im Bereich der Bildung und des Gesundheitswesens hat Amma einen bedeutenden Beitrag geleistet. Das Evangelium universaler Liebe und Brüderlichkeit, das Amma verbreitet, wird überall in der Welt anerkannt und wertgeschätzt. Daher ist Amma möglicherweise die am meisten geeignete Person, am Tag des 150. Geburtstages von Swami

Vivekananda die wertvolle und erleuchtende Gruß-
botschaft zu überbringen.

(A.K. Antony)

Verteidigungsminister Indiens

|| Om Amriteshwaryai Namah ||

Einführung

Am 12. Januar 2013 jährte sich zum 150. Mal der Geburtstag von Swami Vivekananda, dem dynamischen *Sannyasin* aus Kolkata (Kalkutta), der Berühmtheit erlangte weil er indische Spiritualität in den Westen brachte sowie in seinem Mutterland Indien eine religiöse Reform und spirituelle Wiedererweckung bewirkte. Die Jubiläumsfeierlichkeiten waren nicht auf den einen Tag beschränkt, vielmehr waren sie der Beginn einer Reihe von Veranstaltungen, die ein ganzes Jahr lang andauern – von Kashmir bis Kanya Kumari, von Gujarat bis Orissa. Tatsächlich sind die Feierlichkeiten zu Vivekanandas 150. Geburtstag – wie er selbst, der die ganze Welt bereiste – nicht auf Indien beschränkt, sondern finden weltweit statt.

Am 11. Januar 2013 veranstaltete das Swami Vivekananda Sardhashati Samaroh Samhiti ein Programm im Sirifort Auditorium zu Neu Delhi, um das einjährige Festival einzuleiten. Auf ihre Bitte hin hielt Sri Mata Amritanandamayi – unsere geliebte Amma – die Eröffnungsrede. Das

Folgt spirituellen Werten und rettet die Welt

Sirifort-Auditorium war bis auf den letzten Platz gefüllt. Anwesend waren überragende indische Persönlichkeiten, Politiker, Sozialarbeiter, Pädagogen, spirituelle Führungspersönlichkeiten und andere Menschen, die ihr Leben der Entwicklung Indiens gewidmet haben. Zu Beginn ihres *Satsangs* rühmte Amma Vivekananda als eine Verkörperung geistiger Reinheit und vitaler Aktivität – als eine Persönlichkeit, deren Leben und Botschaft die Macht besaß, das spirituelle Feuer im Herzen der Menschheit zu entzünden. Bald jedoch machte Amma klar, dass ihrer Auffassung nach Indien weit hinter Vivekanandas Vision für sein Land zurückgeblieben ist. „Wir mögen fähig sein, wie Vögel zu fliegen und wie Fische zu schwimmen, aber wir haben vergessen, menschlich zu leben," sagte Amma. „Es scheint, dass wir dies erst wieder lernen müssen. Wie kann dies geschehen? Es ist nur möglich, wenn wir uns selbst erkennen. Wir müssen uns einer Selbst-Erforschung unterziehen. Wieso? Weil die Probleme dieser Welt weder aus dem Weltraum kommen noch durch den Wind, den Ozean, die Jahreszeiten, die Natur oder die Tiere verursacht werden, sondern durch uns Menschen – durch unseren Geist."

Einführung

Während der nächsten 40 Minuten analysierte Amma die Kernursache für Indiens vielfältige Probleme: Das Versagen seiner Bürger, die alte spirituelle Kultur in Ehren zu halten und die universalen Werte, auf welchen diese Kultur beruht, zur Grundlage ihrer Lebensführung zu machen. Ammas Worte waren direkt und unmissverständlich.

Sie führte aus: „In Wahrheit sind viele der Herausforderungen, denen sich *Sanatana Dharma* ausgesetzt sieht, von uns selbst erzeugt. Wir können anderen die Schuld dafür geben und auf den negativen Einfluss von Globalisierung, ausländischer Herrschaft und anderen Religionen hinweisen – vielleicht trifft dies bis zu einem gewissen Grad zu, doch sind sie nicht die Hauptursache. Der primäre Grund ist unsere eigene Nachlässigkeit: Wir haben es versäumt, den unschätzbaren Reichtum unserer Kultur in Ehren zu halten und zu schützen; genauer gesagt, es fehlte uns bis jetzt an Mut dazu. Wir selbst haben das Grab geschaufelt, in dem diese Kultur unermesslichen und uralten Wissens verschwinden könnte." Obwohl das Bild, das Amma zeichnete, oftmals düsterer Natur war, so war ihre Rede doch in keiner Weise fatalistisch. „Es ist noch nicht zu

Folgt spirituellen Werten und rettet die Welt

spät. Wenn wir es aufrichtig versuchen, können wir dieses *Dharma* wiederbeleben. Wie kann man *Dharma* schützen? – Nur, indem man es befolgt. Nur durch Befolgen und Ausführen vermag eine Kultur zu überleben."

Tatsächlich war Ammas Rede ein Entwurf für die Neugestaltung Indiens – ein Entwurf, der die Notwendigkeit einer ganzheitlichen Umwandlung berücksichtigt, ohne die speziellen Probleme außer Acht zu lassen wie etwa den Mangel an spirituellem Bewusstsein in Indiens Jugend, die Notwendigkeit des Schutzes der Umwelt und unserer natürlichen Ressourcen, die Wichtigkeit religiöser Toleranz, die Notwendigkeit, das leicht beeinflussbare Gemüt unserer Jugend vor anstößigem Material zu schützen und die Notwendigkeit, sowohl bei Jugendlichen wie bei Erwachsenen eine auf Mitgefühl und Hilfsbereitschaft basierende Denkweise zu fördern.

Amma beendete ihre Rede mit einem Gebet. „Indien sollte auferstehen", sagte sie. „Die Stimme des Wissens, der Selbstverwirklichung und die uralten Worte unserer *Rishis* sollten sich wieder erheben und in der Welt erschallen. Um dies zu erreichen, müssen wir einträchtig zusammenarbeiten. Möge dieses Land, das der Welt die tiefere,

Einführung

wahre Bedeutung von Akzeptanz vermittelt hat, in dieser Tugend fest gegründet bleiben. Möge das Muschelhorn des *Sanatana Dharma* dieses Wiederaufleben in die ganze Welt hinaustrompeten. Swami Vivekananda glich einem Regenbogen, der am Horizont der Menschheit erschien, um uns die Schönheit und den Wert eines aktiven Lebens, das von Mitgefühl und Meditation getragen ist, erleben und verstehen zu lassen. Möge der schöne Traum von Liebe, Furchtlosigkeit und Eintracht. den Swami Vivekananda träumte, Wirklichkeit werden."

Es erhob sich donnernder Beifall. Alle, die im Sirifort-Auditorium versammelt waren, begriffen, dass hier der rechte Maßnahmenkatalog für Indiens Gesundung von jemandem vorgelegt worden war, der die Verkörperung indischer Kultur ist. Der Entwurf für die Neugestaltung liegt vor. Nun ist es an uns, ihm zu folgen.

Swami Amritaswarupananda Puri
Vizepräsident des
Mata Amritanandamayi Math

Folgt spirituellen Werten und rettet die Welt

Amma verbeugt sich vor allen hier anwesenden Personen, die die Verkörperung der reinen Liebe und des höchsten Bewusstseins sind.

Zunächst möchte Amma ihre tief empfundene Freude darüber zum Ausdruck bringen, dass sie an den Feierlichkeiten von Swami Vivekanandas 150. Geburtstag teilnehmen kann. Auch nach weiteren 150 Jahren wird sein Leben und seine Botschaft immer noch dieselbe große Bedeutung besitzen wie dies heute der Fall ist. Sie werden nicht aufhören, die Menschen zu inspirieren, denn Swami Vivekananda war eine Persönlichkeit, die sowohl über geistige Reinheit als auch Vitalität verfügte.

"Macht euch *eine* Idee zu eigen. Lasst diese eine Idee mit eurem Dasein verschmelzen – denkt an sie, träumt von ihr und lebt aus ihr. Hirn, Muskeln, Nerven und jeder Teil eures Körpers sollen von dieser Idee erfüllt sein – jegliche andere Idee lasst beiseite. Das ist der Weg zum

Folgt spirituellen Werten und rettet die Welt

Erfolg, die rechte Methode, spirituelle Riesen hervorzubringen."

Das war Swami Vivekanandas brillanter Ruf an die Welt. Seine Worte hatten die Macht, das der Menschheit innewohnende Potenzial zu erwecken, ebenso wie die Macht, dieses Potenzial in Flammen zu setzen und es bis zur Intensität eines Waldbrandes zu steigern. Heutzutage leben wir in einer Welt, die allein an die unmittelbare Bedürfnisbefriedigung glaubt und „das Gras auf der anderen Seite für grüner" hält. Besinnt man sich dagegen auf die Worte Vivekanandas, so können sie zu einer friedlichen und gleichzeitig machtvollen spirituellen Revolution beitragen. Diese Revolution ist nicht äußerlicher sondern innerlicher Natur – es ist eine Umwandlung, die auf Werten beruht.

Vom materiellen Standpunkt aus betrachtet schreitet die Menschheit voran und besteigt einen Gipfel des Erfolges nach dem anderen. Die Menschheit ist heutzutage im Besitz von Errungenschaften, die früheren Zeitaltern unerreichbar waren, ja sogar unvorstellbar erschienen wären. Doch keine dieser Errungenschaften hat die Macht, auch nur einen kleinen Teil des Schmutzes, der sich im Herzen der Menschheit angesammelt hat, zu beseitigen. Dieser Unrat hat inzwischen ein solches Ausmaß erreicht, dass er die Menschheit an den Rand einer großen Katastrophe geführt hat.

Wir mögen fähig sein, wie Vögel zu fliegen und wie Fische zu schwimmen, aber wir haben vergessen menschlich zu leben. Es scheint, dass wir dies erst wieder lernen müssen. Wie kann dies geschehen? Es ist nur möglich, wenn wir uns selbst erkennen. Wir müssen uns einer Selbst-Erforschung unterziehen. Wieso? Weil die Probleme dieser Welt weder aus dem Weltraum kommen noch durch den Wind, den Ozean, die Jahreszeiten, die Natur oder die Tiere verursacht werden, sondern durch uns Menschen – durch unseren Geist. Es entspricht der menschlichen Natur, Probleme zu schaffen und dann hastig nach Lösungen zu suchen. Wir verfügen heute zwar über Kenntnisse, haben jedoch keinerlei Achtsamkeit. Wir haben Wissen aber kein *Viveka*[1]. Natürlich wissen wir, dass wir einen Kopf haben, doch werden wir uns dieser Tatsache meist nur bewusst, wenn wir Kopfschmerzen haben.

---

[1] Die Kraft unterscheidenden Denkens und rechten Urteilsvermögens

Folgt spirituellen Werten und rettet die Welt

Sie kennen wahrscheinlich die Geschichte von dem Mann, der einen Teelöffel Medizin eingenommen hatte und erst hinterher die Beschriftung auf der Flasche las. Dort stand: „Vor Gebrauch schütteln." Es war ihm klar, dass er die Anweisung nicht befolgt hatte. Er dachte einen Augenblick nach, dann begann er auf und ab zu springen und seinen Körper zu schütteln, so sehr er nur konnte.

Ähnlich wie dieser Mann versuchen auch wir oftmals, unsere Fehler erst dann zu berichtigen, wenn es bereits zu spät ist. Tatsächlich sind viele Probleme, denen sich *Sanatana Dharma* ausgesetzt sieht, von uns selbst erzeugt. Wir können anderen die Schuld dafür geben und auf den negativen Einfluss von Globalisierung, ausländischer Herrschaft und anderen Religionen hinweisen – vielleicht trifft dies bis zu einem gewissen Grad zu, doch sind sie nicht die Hauptursache. Der primäre Grund ist unsere eigene Nachlässigkeit: Wir haben es versäumt, den unschätzbaren Reichtum unserer Kultur in Ehren zu halten und zu schützen; genauer gesagt, es hat uns an Mut dazu gefehlt. Wir selbst haben das Grab geschaufelt, in dem diese Kultur unermesslichen und uralten Wissens möglicherweise verschwinden könnte.

Noch ist es nicht zu spät. Wir können dieses *Dharma* wiederbeleben, wenn wir es aufrichtig versuchen. Wie kann *Dharma* geschützt werden? Nur durch Befolgen seiner Prinzipien. Einzig durch die Befolgung und praktische Anwendung ihrer Prinzipien kann eine Kultur überleben. Amma verlangt nicht, dass Sie sich anstrengender spiritueller Askese unterwerfen, sondern lediglich, dass Sie unser *Dharma* gemäß Ihrer Möglichkeiten ein wenig praktizieren. Sri Krishna hat gesagt: „Auf diesem Pfad gibt es keinen Verlust. Schon indem du dieses *Dharma* auch nur ein wenig praktizierst, wirst du deine tiefsten Ängste überwinden."[2] Der Pfad des *Dharma* ist der einzige Pfad auf der Welt, den entlang zu gehen jegliches Scheitern ausschließt.

Es gibt keine größere Furcht als die vor dem Tod. Wir sollten den Mut haben, unser vedisches Erbe zu schützen und seine Weisheit in uns aufnehmen. Sie lehrt uns sogar die Furcht vor dem Tod zu überwinden. Der Gedanke: „Ich kann es nicht

---

[2] nehabhikramanaso'sti pratyavayo na vidyate
svalpamupasya dharmasya trayate mahato bhavat
      Bhagavad Gita 2.40

tun", sollte in den festen Entschluss: „Ich kann es sicherlich tun", umgewandelt werden. Dies ist besonders wichtig bei jungen Menschen, denn es ist die Jugend, die die Lehren unserer Tradition in die Zukunft tragen wird.

„Ein paar gutherzige, aufrichtige und starke Männer und Frauen können in einem Jahr mehr vollbringen als die große Masse in einem ganzen Jahrhundert." Erinnern Sie sich an diese Worte Swami Vivekanandas! Er sagte ebenfalls: „Die Erde gehört den heroischen Menschen. Dies ist eine unumstößliche Wahrheit. Sei ein Held. Sage immerzu: 'Ich fürchte mich nicht', sage jedermann: ‚Fürchte dich nicht.'"

Eine Ansprache von Sri Mata Amritanandamayi

Der Fluch der Hindu-Gemeinschaft heute ist Furcht – die Furcht, den eigenen Glauben zu praktizieren. Indem sie *Veda Mata, Desha Mata, Deha Mata, Prakriti Mata* und *Jaganmata*[3] vergessen hat, konnte die Furcht sie in die Tiefe der Finsternis verbannen. Das Wesen des Sanatana Dharma ist jedoch Furchtlosigkeit. Furcht macht das Leben zu einem todähnlichen Zustand, sie schwächt die Kraft unseres Handelns. Unseren Geist macht sie zum Sklaven von Selbstsucht und Bosheit. Die Quelle dieser Furcht ist die Empfindung: „Ich bin schwach." Sie entsteht aufgrund des Mangels an Verständnis für die unendliche Kraft in unserem Innern.

Einst fuhr ein LKW durch ein Dorf, als sein Motor Feuer fing. Rasch sprang der Fahrer aus seinem Führerhaus, lief zu einer Telefonzelle und rief die Feuerwehr an. Als die Feuerwehr jedoch an der Unfallstelle ankam, war der vordere Teil des Lastwagens völlig ausgebrannt. Die Feuerwehrleute öffneten den LKW und waren über seine Ladung sehr überrascht: Es handelte sich nämlich um eine Lieferung von Feuerlöschern. Hätte der Fahrer gewusst, was sich in seinem

---

[3] Mutter Veda, Mutterland, leibliche Mutter, Mutter Erde und Mutter der Welt

Folgt spirituellen Werten und rettet die Welt

LKW befand, hätte das Unglück eingedämmt werden können. In ähnlicher Weise erkennen auch wir aufgrund unserer Furcht nicht die versteckte Kraft, die uns innewohnt. Sie sorgt dafür, dass unser Geist schrumpft und verkümmert. Er gleicht einem ausgetrockneten Brunnen. Furcht lässt unsere Welt zu einer kleinen Zelle voller Dunkelheit werden, einer Schildkröte gleich, die sich in ihren Panzer zurückzieht, wenn sie sich bedroht sieht. Furcht verkleinert unsere Stärke bis auf einen winzigen Punkt. Wir verlieren unsere *Atma Shakti*[4]. Ein furchtloser Geist hingegen ist unermesslich wie der Himmel.

Amma sagt nicht, dass Furcht ohne jeglichen Wert ist. Sie hat eine natürliche und nützliche Funktion. Wenn beispielsweise ein Haus brennt, wäre es eine Torheit, Furchtlosigkeit zu demonstrieren und im Haus zu bleiben. Amma sagt nur, dass wir uns von Furcht nicht versklaven lassen sollen.

Geburt und Tod sind zwei wichtige Charakteristika des Lebens. Sie geschehen ohne unsere

---

[4] Wörtlich "die Macht des Selbst". Im Wesentlichen die Zuversicht und mentale Stärke, die aus dem Verständnis erwächst, dass die eigene innere Natur unsterblich ist und keinerlei Begrenzungen unterliegt.

Einwilligung und nehmen auf keines unserer Bedürfnisse irgendwelche Rücksicht. Wenn das Leben eine Brücke ist, dann sind Geburt und Tod die beiden Pfeiler, die sie tragen. Über diese beiden Enden – Geburt und Tod – die beide die Grundlage des Lebens bilden, haben wir keinerlei Kontrolle. Im Hinblick auf sie sind wir völlig unwissend. Wie können wir aber dann mit logischer Berechtigung verlangen, dass der mittlere Teil, den wir „Leben" nennen, uns gehört? Auch Kindheit, Jugend und Alter bitten uns nicht um Erlaubnis, bevor sie kommen und gehen. Sie geschehen einfach. Akzeptiert diese Wahrheit und handelt zum Wohl eurer selbst und der Gesellschaft.

Swami Vivekananda sagte einmal: „Wenn der Tod eine absolute Gewissheit ist, ist es am besten, sich für eine gute Sache zu opfern." Solche Ideale, die die Essenz von *Sanatana Dharma* darstellen, sollten unserer Jugend vermittelt werden. W i r sollten ihr Vorbild sein, indem wir sie in unserem eigenen Leben verwirklichen. Wenn die Jugend erwacht, erwacht die ganze Nation, ja die ganze Welt. Die heutige Jugend jedoch scheint einer weit verbreiteten Seuche anheim gefallen zu sein. Amma möchte nicht verallgemeinern, denn

Folgt spirituellen Werten und rettet die Welt

einige junge Leute betrachten das Leben von einer vernünftigeren Perspektive, doch die überwiegende Mehrheit scheint nur daran interessiert zu sein, ein angenehmes, oder wie man sagt, ein „beschwingtes" Leben zu führen. Sie empfinden Spiritualität, Patriotismus und unsere Heiligen als etwas Närrisches. „So etwas Primitives! Das taugt nicht für uns sondern nur für alte und faule Leute." – Dies scheint ihre Meinung zu sein.

Narren sind in Wahrheit diejeingen, die über andere lachen. Über seine eigenen Schwächen und Mängel zu lachen ist hingegen ein Zeichen von *Viveka*. Wir müssen unserer Jugend dabei helfen, diesen Aspekt von *Viveka* zu entwickeln. Im Grunde besteht die Schöpfung nur aus zwei Teilen: *Atma* und *Anatma*— „das Selbst und alles, was nicht das Selbst ist." Normalerweise sind wir nicht daran interessiert, etwas über uns selbst zu erfahren. Wir versuchen lediglich, Kenntnisse über äußere Gegenstände und Situationen zu erlangen.

Ein Mann fuhr einst mit dem Motorrad an die Landesgrenze. Auf dem Rücksitz befanden sich zwei große Taschen. Der Zollbeamte hielt ihn an und fragte: „Was ist in den Taschen?" "Nur Sand", antwortete der Motorradfahrer. „Nun,

Eine Ansprache von Sri Mata Amritanandamayi

das werden wir ja sehen", sagte der Zollbeamte, „steigen Sie bitte ab!" Er nahm die Taschen und schüttete deren Inhalt auf den Boden, doch es befand sich nichts als Sand darin. Dennoch entschloss er sich, den Mann über Nacht in der Zollstation festzuhalten. Während dieser Zeit

untersuchte er den Sand auf Gold, Drogen oder Sprengstoff hin. Doch fand er nichts und so hatte er keine andere Wahl, als den Mann am nächsten Tag samt Motorrad und den Taschen voller Sand die Grenze passieren zu lassen. Eine Woche später wiederholte sich der Vorfall. Der

Folgt spirituellen Werten und rettet die Welt

Zollbeamte behielt den Motorradfahrer eine Nacht in Gewahrsam, um ihn am nächsten Tag mit seinem Gefährt und den Taschen voller Sand wieder freizulassen. Während der nächsten Monate wiederholte sich dieses Schauspiel mehrere Male. Danach wurde der Motorradfahrer nicht mehr an dem Grenzübergang gesehen. Eines Tages begegnete der Zollbeamte ihm in einem Restaurant auf der anderen Seite der Grenze. Er sprach ihn an: „He, ich weiß, dass Sie irgendetwas im Schilde führen, ich weiß nur nicht, was es ist. Das bringt mich fast um! Nachts kann ich schon nicht mehr schlafen, ich kann es einfach nicht herausfinden. Es bleibt unter uns, aber warum schmuggeln Sie wertlosen Sand?"

Der Mann nippte lächelnd an seinem Drink und sagte: „Ich schmuggle keinen Sand, Herr Zollvorsteher – ich schmuggle gestohlene Motorräder!"

Der Zollbeamte war so sehr auf die Taschen voller Sand fixiert, dass er das Offensichtliche nicht bemerkte – das Motorrad. In ähnlicher Weise sind auch wir ständig auf das Äußerliche fokussiert und verlieren uns daher selbst. Es ist durchaus wichtig, die Natur äußerer Gegenstände

Eine Ansprache von Sri Mata Amritanandamayi

zu begreifen, doch sollten wir ebenfalls verstehen, wer wir selbst sind.

Heutzutage lernen viele Menschen *Yoga Asanas*[5], um ihre körperliche Schönheit und Kraft zu steigern. Es ist sozusagen ein heißer Trend unter den Jugendlichen, doch vermögen sie nicht das zugrunde liegende Prinzip und den unschätzbaren Reichtum zu verstehen, der das Herzstück des *Yoga* ist.

Die kosmische Macht, die dieses Universum erschafft, zusammenhält und dafür sorgt, dass es reibungslos funktioniert, hat der Menschheit gewisse Richtlinien vorgegeben. Diese Leitlinien werden *Dharma* genannt. *Dharma* besitzt einen gewissen Rhythmus, einen Grundton und eine Melodie. Wenn die Menschheit es versäumt, in Einklang mit diesem *Dharma* zu denken und zu handeln, geht das Gleichgewicht zwischen Mensch und Natur verloren. Der Hauptgrund für die Probleme, die wir in unserem Land sehen, ist die Vorherrschaft einer Denkweise und eines Lebensstils, die unserer alten Kultur keinerlei Beachtung schenkt. Auf dieses Problem muss unsere Jugend aufmerksam gemacht werden. Wenn sie wollen, dass sich ihre Wünsche und

---

[5] Yoga-Stellungen

Folgt spirituellen Werten und rettet die Welt

Träume erfüllen, sind immense Stärke, der Segen des Universums sowie die Unterstützung und der Schutz der Naturkräfte dafür erforderlich.

Unsere jungen Menschen sind keine „Nichts-Nutze" sondern „nützlich-für-alles". Sie sind nicht etwa nachlässig, vielmehr kümmert man sich nicht genug um sie. Die Zukunft Indiens und der ganzen Welt befindet sich in ihnen. Die Kraftquelle, die notwendig ist um die Gesellschaft zu erwecken, ist in ihrem Innern. Wenn sie erwachen, ist unsere Zukunft gesichert. Andernfalls wird die Harmonie zwischen menschlichem Leben und dem ganzen Universum in Unordnung geraten. Einmal kam ein etwa 25 Jahre alter junger Man in den *Ashram*. Er trug seine Mütze mit nach hinten zeigendem Schirm und hatte auf die Mitte seiner Stirn Sandelholzpaste aufgetragen. Er ging auf den ältesten *Sannyasin*[6] des *Ashrams* zu und fragte ihn: „Onkel, wo ist die *Ashram*-Küche?" Der *Sannyasin* war ein wenig irritiert, doch ohne etwas zu sagen, deutete er auf den Weg zur Küche. Nach einer Weile, als der junge Mann zurückkam, rief der *Sannyasin* ihn zu sich und fragte ihn freundlich: „Wie heißt du, mein Sohn?" – „Jnanaprakash", antwortete er. (Der *Sannyasin*

---

[6] Mönch

muss wohl gedacht haben: „Seine Eltern haben ihm einen guten Namen gegeben, Jnanaprakash – das Licht der Erkenntnis. Warum ist in ihm kein Licht?") Er fragte den jungen Mann: „Sohn, wie würdest du eine Person nennen, die einen weißen Kittel und ein Stethoskop trägt und in einem Krankenhaus arbeitet?" – „Einen Arzt", kam die Antwort. „Und wie würdest du jemanden nennen, der einen schwarzen Umhang trägt und sich in einem Gerichtssaal aufhält?" – „Einen Anwalt." „Glaubst du dann nicht auch, man sollte jemanden, der in einem *Ashram* ein ockerfarbenes Gewand trägt, mit ‚*Swami*' anreden?" Für einen Augenblick schwieg der junge Mann, um sich dann rasch zu entschuldigen: „Tut mir leid, Onkel." Der *Sannyasin* musste unwillkürlich lachen. Der junge Mann war Hindu, glaubte an Gott und schien gebildet zu sein. Und doch mangelte es ihm an Verständnis für seine Kultur. Dieser Vorfall weist auf die traurige Wahrheit hin, dass die jüngere Generation sich des Wertes und der Großartigkeit des eigenen Landes, das als das heilige Land der *Rishis*[7] gilt und der Welt das goldene Licht der Spiritualität schenkte, nicht bewusst ist. Wie konnte das geschehen?

---

[7] alte indische weise Seher

Folgt spirituellen Werten und rettet die Welt

Wie kann man der neuen Generation ein grundlegendes Verständnis unserer Kultur vermitteln? Unsere vedische Kultur ist ein Leitstern für die ganze Welt. Doch diese Kultur befindet sich in einer Krise. Es ist notwendig, dass wir sie schützen. Dafür benötigen wir den Willen und die Bereitschaft, uns ein wenig zu bemühen. Dann wird *Dharma* sich selbst schützen. Mit diesen Bemühungen müssen wir hier und jetzt anfangen. Damit jedoch etwas geschieht, ist es notwendig, dass die in der Verantwortung stehenden Politiker eine Vision haben, die auf spirituellen Werten beruht; auch sollten sie für eine effizientere Staatsführung zusammenarbeiten. Dies ruft das von Vivekananda gern zitierte *Mantra* aus den Upanischaden in Erinnerung: „Erhebt euch, wacht auf und haltet nicht inne, bis das Ziel erreicht ist."[8]

Unser Intellekt und unsere Geisteskraft sind begrenzt. Ihre Vitalität ist nur kurzlebig, allzuleicht vertrocknen sie. Deswegen - heißt es - sollten wir unseren Glauben auf *Atma Shakti* gründen. Von diesem Erwachen ist in dem genannten berühmten Mantra die Rede. Es ist

---

[8] uttishthata jāgrata prāpya varānnibodhata |
   Katha Upanishad, 1.3.14

Eine Ansprache von Sri Mata Amritanandamayi

unmöglich, dieses völlige Vertrauen auf einen Schlag zu entwickeln, doch wenn wir unsere Handlungen in einer Haltung der Überantwortung verrichten, werden wir Stärke erlangen und uns auf unser Ziel hin bewegen.

Unsere Feinde befinden sich nicht außerhalb von uns, sie sind in uns. Wir selbst sind unser Feind. Unsere Unwissenheit, die Art und Weise, wie wir zu Sklaven unserer Wünsche werden und unser grundlegend falsches Verständnis der Natur des Lebens, all dies sind Schwächen, die uns begrenzen.

Ein Grundschullehrer fragte einmal seine Schüler. „Kinder, wie viele Sterne könnt ihr am Nachthimmel sehen?" Ein Kind sagte: „Abertausende!" Ein anderes antwortete: „Eine Million!" Ein drittes Kind sagte: „Milliarden!" Schließlich kam das jüngste Kind an die Reihe und sagte: „Drei Sterne!" „Nur drei Sterne?", fragte der Lehrer. „Hast du nicht gehört, wie die anderen Kinder von Tausenden und Milliarden von Sternen gesprochen haben? Kind, wie kannst du nur drei Sterne am Himmel sehen?" Der Junge antwortete: „Es ist nicht mein Fehler. Das Fenster in meinem Zimmer ist wirklich klein!" Das Fenster wirkte als Rahmen: Der Junge konnte nur das kleine Stückchen Himmel sehen, das von seinem Fenster eingerahmt war. In ähnlicher Weise sind wir durch den Rahmen unserer Schwächen begrenzt. Um sie zu überwinden, müssen wir bei unseren Handlungen fest in spirituellem Verständnis verwurzelt sein.

Das *Kali Yuga* [9] ist das Zeitalter des Handelns. Zu handeln und dabei fest auf ein spirituelles Ziel ausgerichtet zu sein, ist die größte Form der Entsagung und der Askese, die man in diesem Zeitalter an den Tag legen kann. Es hilft uns, den Situationen des Lebens auf intelligente Weise zu begegnen statt emotional auf sie zu reagieren. Im Wesentlichen wird unser Leben dann durch *Viveka* angeleitet. Mit Swami Vivekanandas Worten: „Derjenige ist ein Atheist, der nicht an sich selbst glaubt. An sich selbst zu glauben bedeutet an die unbegrenzte Kraft des inneren Selbst zu glauben." Es gibt drei Ausdrucksweisen der Liebe, die diese innere Kraft zum Leben erwecken: Liebe zu sich selbst, Liebe zu Gott und Liebe für die gesamte Schöpfung. Liebe zu sich selbst bedeutet nicht die um sich selbst kreisende Liebe des Egos. Es

---

[9] Das vierte der vier zyklischen Zeitalter, das Kali Yuga, gilt als das Zeitalter des Materialismus, in welchem Dharma nicht mehr allgemein befolgt wird.

Eine Ansprache von Sri Mata Amritanandamayi

bedeutet vielmehr, das Leben zu lieben; Erfolg, Scheitern und diese menschliche Geburt selbst als Gottes Segnungen zu begreifen. Letztlich liebt man die göttliche Kraft, die allem innewohnt. Dies wächst, bis es schließlich Liebe zu Gott wird. Wenn diese beiden Komponenten vorhanden sind, wird sich die dritte – die Liebe zur gesamten Schöpfung – ganz natürlich einstellen.

Das Zuhause ist sowohl die Quelle der guten wie auch der schlechten Eigenschaften eines Menschen. Fast alles, was die geistige Gesundheit eines Kindes beeinflusst, stammt aus der familiären Umgebung. Ist das Kind acht oder neun Jahre alt, ist die Grundlage für 70% seines geistigen Wachstums bereits gelegt. Ein Mensch mag 80 oder 90 Jahre alt werden, doch mit zehn Jahren hat er die wichtigsten Lektionen des Lebens bereits gelernt. Nur die verbleibenden 30 % verinnerlicht er in der Zeit danach, und selbst dieser Teil beruht auf der Grundlage der Stärken und Schwächen, die während der Kindheit entwickelt wurden.

Um einen Wolkenkratzer zu bauen, bedarf es eines festen Fundamentes. Reife bedeutet im Grunde die Fähigkeit, unser ganzes Leben lang weiter zu lernen. Reife kommt nicht automatisch

Folgt spirituellen Werten und rettet die Welt

mit dem Alter sondern durch Selbstlosigkeit und eine Haltung der Akzeptanz, die völlig frei ist von Vorurteilen und Erwartungen.

Jeden Tag werden im Bereich der Medizin neue Technologien entwickelt und neue Krankheiten entdeckt. Ein Arzt muss sich also ständig über den neuesten Stand der Forschung auf dem Laufenden halten. Er kann es sich nicht leisten zu sagen: „So war es vor zwanzig Jahren, viel anders kann es jetzt auch nicht sein."

Es ist richtig - wenn wir materielle Ziele verfolgen, müssen wir Informationen über die äußere Welt sammeln. Wenn wir uns jedoch ausschließlich auf solche äußerlichen Kenntnisse stützen, dann wächst das Ego. Das Leben heute – besonders das der jungen Generation – ist angefüllt mit überflüssigem Wissen. Unsere Jugend glaubt nur an den Körper und den Verstand. Solch eine Denkweise macht die Menschen mechanisch und selbstsüchtig. Tatsächlich weiß unsere Jugend heutzutage dank der Informationstechnologie mehr von der Welt als die Erwachsenen.

Ein Vater wollte einmal mit seinem Sohn, einem Siebtklässler, unter vier Augen sprechen. Er nahm ihn mit in sein Zimmer und schloss die Tür. Er blickte den Jungen an und sagte: „Mein

Eine Ansprache von Sri Mata Amritanandamayi

Sohn, du bist nun zwölf Jahre alt. Wenn ich höre und lese, was Kinder in deinem Alter heutzutage machen, dreht sich mir der Magen um. Ich möchte über einige Dinge des Lebens mit dir sprechen." „Kein Problem", antwortete der Sohn, ohne mit der Wimper zu zucken, „was möchtest du wissen? Ich kann dir alles erzählen."

Die alten *Rishis* machten die Erfahrung, dass die Grundlage aller Erkenntnis das reine Bewusstsein in unserem Innern ist. Diese Einsicht müssen wir mit den Entdeckungen der modernen Wissenschaft in Einklang bringen. Die kommende Generation muss diese Notwendigkeit begreifen. Andernfalls wird dieses Land, das der Geburtsort spirituellen Denkens ist, gezwungen sein das Heranwachsen einer Generation mitanzusehen , die an nichts anderes glaubt als an Sex, Drogen und Geld. Swami Vivekananda sagte einst: „Ich liebte mein Mutterland sehr, bevor ich nach Amerika und England ging. Seit ich zurückgekehrt bin, ist mir jeder Zentimeter dieses Landes erst recht heilig." Nach dem schrecklichen Vorfall, der kürzlich in Delhi passiert ist, zögern viele Inder, sich überhaupt noch Inder zu

Folgt spirituellen Werten und rettet die Welt

nennen[10]. Unsere Werte, unser Sinn für *Dharma*, die Selbstaufopferung und das Mitgefühl unserer Weisen und Heiligen – dies ist es, was Swami Vivekananda an seinem Land so sehr schätzte. Die Welt eines Durchschnittsmenschen ist auf sein Heim, seinen Partner und seine Kinder beschränkt. Jene jedoch, die den Wunsch hegen, ihr Leben dem selbstlosen Dienst zu widmen, überschreiten diese Begrenzungen und stellen ihr Leben in den Dienst ihres Landes. Diejenigen, die den spirituellen Gipfel bestiegen haben und in der Nicht-Zweiheit (*Advaita*)[11] fest gegründet sind, betrachten die gesamte Schöpfung als zu ihnen gehörig – nicht nur die eigene Familie. Für sie sind Himmel und Hölle ein und dasselbe. Solche Menschen verwanden die Hölle in den Himmel. Diese Vision der Einheit ist der Pfad zu einer positiven Veränderung.

Die Universität, die von unserem *Ashram* unterhalten wird, befindet sich an fünf

---

[10] Amma bezieht sich auf die furchtbare Gruppen-Vergewaltigung (mit Todesfolge) einer dreiundzwanzig Jahre alten Sudentin, die im Dezember 2012 passierte.
[11] Die Einsicht, dass das Individuum, Gott und das Universum nicht verschieden (zwei) sondern essentiell identisch (nicht-zwei) sind.

Standorten. Einige Studenten gestanden Amma einmal, sie wollten keine Uniform mehr tragen. Amma fragte sie: „Besteht denn das wahre Ziel der Bildung einzig darin, einen Titel und einen guten Job zu bekommen und viel Geld zu verdienen? Nein, es geht darum, Wissen, Werte und eine mitfühlende Einstellung gegenüber allen zu erlangen." Dann gab Amma den Studenten einige Beispiele, was an Universitäten geschehen war, die andere Träger hatten und keine Uniformpflicht. An einem College waren viele Studenten gezwungen, Geld für ihre Ausbildung aufzunehmen und sie verfügten nur über ein kleines Budget. Wenn diese Studenten nun die teure und modische Kleidung ihrer Kommilitonen sahen, wollten sie ihnen nacheifern. Der Minderwertigkeitskomplex, der aufgrund des Mangels an teurer Kleidung in ihnen entstand, veranlasste manche Studenten, Geld durch den Verkauf von Drogen – teilweise sogar an ihre Mitstudenten - zu erwerben. Dadurch wurden viele von ihnen drogenabhängig. Einige stahlen, andere begingen sogar Selbstmord.

Ein Student schickte Amma aus dem Gefängnis einen beängstigenden Brief. Er war ein armer Student gewesen, der verzweifelt versucht hatte, die Anerkennung seiner Mitstudenten zu gewinnen. Er gestand, dass er beim Versuch, einem Mädchen die Goldkette abzunehmen, sie versehentlich umgebracht hatte. Amma fragte die Studenten: „Nun sagt mir: Wollt ihr eine Situation heraufbeschwören, in der andere Studenten möglicherweise eine falsche Wahl treffen oder wollt ihr nicht lieber eine Uniform tragen?" Sie erkannten wie wichtig es ist, die Gefühle anderer anzuerkennen und antworteten, sie trügen lieber die Uniform.

Es tut Not, dass wir die allen Unterschieden zugrunde liegende Einheit wahrnehmen. Das wird uns helfen. Wir sehen vielleicht tausend Sonnen, die sich in tausend Wasserkrügen spiegeln, doch es gibt nur eine einige Sonne. Wenn wir das Bewusstsein in allen als ein und dasselbe erkennen, können wir die Haltung entwickeln, die Bedürfnisse von anderen vor unsere eigenen zu stellen. Wir benötigen zum Beispiel eine Uhr, doch sowohl eine Uhr im Wert von 50 Rupien als auch eine Uhr, die 50.000 Rupien kostet, zeigt uns die Zeit an. Kauften wir die billigere und verwendeten den Rest des Geldes, um den Armen zu helfen, würden wir der Gesellschaft einen großen Dienst erweisen.

Eine Ansprache von Sri Mata Amritanandamayi

Alles in der Schöpfung besitzt Leben und Bewusstsein. Wie können wir diese große Wahrheit beweisen? Weder durch die Sprache, noch durch das Gemüt noch durch den Verstand – sie alle sind begrenzt. Liebe ist das älteste und das modernste Licht, das uns zu leiten vermag. Nur die Liebe kann den menschlichen Geist von seinem niedrigsten Zustand zum unendlichen Bereich des Selbst erheben. Außerdem ist Liebe die einzige Sprache, die die gesamte Schöpfung verstehen kann – die universale Sprache des Herzens.

„Liebe", „Segen", „Gnade" und „Mitgefühl" sind allesamt Synonyme für Gott. Solche Tugenden und Gott sind nicht verschieden sondern eins. Diese Gnade und dieser Segen sind alldurchdringend. Wenn wir unser *Dharma* heiteren Gemütes und mit offenem Herzen befolgen, fließen uns Kraft und Gnade zu. Ein Fisch, der voller Freude im Meer schwimmt, vergisst das Meer, doch wenn er auf den heißen Sand der Küste geworfen wird, erinnert er sich an ihn. Es gibt jedoch keine Küste, auf die wir geworfen werden könnten, denn Gott ist ein unendlicher Ozean ohne jede Küste. Wir alle sind Wellen in diesem Ozean. So wie Wasser, Wellen und Ozean

Folgt spirituellen Werten und rettet die Welt

ein und dasselbe sind, so sind auch wir eins mit Gott. Wir sind Seine Verkörperungen.

Die *Asuras*[12] waren aufgrund des Mangels an Unterscheidungskraft aus dem Reich der *Devas*[13] gefallen. Heute verhält sich der Mensch, der eigentlich eine Verkörperung Gottes ist, wie ein *Asura*. Viele vergangene Vorkommnisse, aber mehr noch die heutigen zeigen, dass *Asuras* als Menschen auf die Welt kommen.

Jeden Tag hören wir von Vorfällen, die den Namen unserer ewigen Kultur besudeln – eine Kultur, die uns lehrt, alle Frauen als Mütter zu verehren, als Göttinnen, als Freundinnen, denen wir unser Herz ausschütten können. Kann das gräßliche Verbrechen, dass kürzlich in Delhi verübt wurde, etwas anderes sein, als die Ausgeburt eines *asurischen* Geistes? Zu keiner Zeit in der Geschichte konnte je eine Gesellschaft gedeihen, in der es an Respekt für die Frauen fehlte. Solchen Gesellschaften brechen zusammen. Wenn wir uns das *Ramayana* oder das *Mahabharata*[14] oder selbst die letzten 1000 Jahre anschauen, können wir sehen, wie riesige Reiche und heroische Eroberer

---

[12] Dämonen
[13] Himmlische Wesen
[14] Indische Epen

wegen ihres mangelnden Respekts für Frauen und Mütterlichkeit dem Niedergang zum Opfer fielen. Dieses Land war Zeuge von *Maha-Tyaga*, *Tapas* und *Danam* unserer *Rishis*—ihrer großen Entsagung, Askese und Mildtätigkeit. Es ist höchste Zeit für die Bürger Indiens, ihre Geisteshaltung zu ändern. Ein weiterer Aufschub wird in einer Katastrophe enden.

Wenn ein Kind die einzelnen Entwicklungsstadien durchläuft – es versucht sich zu drehen, lernt zu krabbeln, beginnt zu laufen usw. – gleicht es einem Soldaten, der keine Niederlage akzeptiert. Als erwachsener Mensch, der schon die mittlere Altersstufe durchschritten hat und er zu einem Senior wurde, denkt er nur noch an Geschäfte. Alles – einschließlich seiner Beziehungen – werden zu einem Handel. Wer ist dafür verantwortlich? Es ist unsere Gesellschaft, unsere Eltern, unsere älteren Mitbürger, unser Erziehungssystem, unser blinder Hang zur Nachahmung und unser Lebenswandel, der es an Respekt für die indische Kultur fehlen lässt. All dies erzeugt Furcht, Kummer und Feigheit. Die Menschheit verliert die Stärke, das Leben als ein Abenteuer und eine Herausforderung zu betrachten, der man mit Mut zu begegnen hat.

Folgt spirituellen Werten und rettet die Welt

Damit ist man weder in der Lage, die Existenz der anderen anzuerkennen noch ihre Gefühle zu verstehen.

Auf diesem Planeten leben sieben Milliarden Menschen. Doch beinahe niemand denkt an den Mitmenschen. Es gibt keine Freundschaft, keine richtige Familie, keine Eintracht. Wir haben uns von der Herde entfernt und jeder von uns streunt allein herum wie ein bösartiger Elefant.

Im *Sanatana Dharma* sind der Schöpfer und die Schöpfung nicht zwei sondern eins. Ebenso wie es zwischen Gold und Goldschmuck keinen Unterschied gibt, so sind auch der Schöpfer - Gott - und die Schöpfung - die Welt - nicht voneinander verschieden. Die Wirkung kann niemals von ihrem Anfang – der Ursache – getrennt sein. *Sanatana Dharma* ist die einzige Philosophie, die uns lehrt *Nara* als *Narayana* anzusehen – d.h. den Menschen als Gott zu sehen. Es ist die einzige Religion, die sogar das Eigenschaftslose *(Nirguna)* als Gott verehrt.

Egal, wie weit ein geliebter Mensch entfernt sein mag, ein Taschentuch von ihm zu betrachten bringt große Freude. Man erfreut sich nicht an dem Stoff oder an den Stickereien auf dem Taschentuch, vielmehr erfreut die Erinnerung an die geliebte Person. In ähnlicher Weise spielt es auch keine Rolle, in welcher Form wir uns Gott vorstellen, denn was wir tatsächlich wahrnehmen, ist seine liebende Gegenwart. Wir besitzen eine lange Tradition, die Natur und alle lebenden Wesen zu achten und zu verehren. Um sie zu verehren, bauten unsere Vorfahren Schreine für Bäume, Vögel und selbst für Giftschlangen. Eine Honigbiene mag winzig sein, doch ohne diese kleine Kreatur würde die Bestäubung unmöglich werden und ganze Arten könnten aussterben. Wenn der Motor eines Flugzeuges kaputt geht, kann sich die Maschine nicht vom Erdboden erheben. Tatsächlich kann schon das Fehlen einer einzigen wichtigen Schraube dieselbe Wirkung nach sich ziehen. Können wir die Schraube verwerfen und sagen, im Unterschied zum Motor ist sie nur ein kleiner, unbedeutender Gegenstand? In Wahrheit hat alles eine Funktion und Bedeutung. Nichts ist unwichtig. Mutter Erde, die ihre Segnungen über uns ausgeschüttet hat wie die wunscherfüllende Kuh *Kamadhenu*, gleicht nun einer alten abgemagerten Kuh.

Heute wird die Idee des Umweltschutzes als eine moderne Erfindung betrachtet. Das entbehrt nicht einer gewissen Ironie, denn der Schutz der

Folgt spirituellen Werten und rettet die Welt

Umwelt ist eine alter Bestandteil unserer Kultur. Der einzige Unterschied besteht darin, dass wir die Natur deshalb schützten, weil wir die ganze Schöpfung als einen Teil Gottes betrachteten. Dann beschlossen wir, dies primitiv zu finden und hörten auf, die Natur zu schützen. Unserem heutigen Umweltschutz mangelt es an der verehrenden Haltung, die einst seine Grundlage war. Daher greifen alle unsere Versuche in dieser Richtung zu kurz.

Zwei Vögel saßen auf dem Dach eines Gebäudes und unterhielten sich. Ein Vogel fragte den anderen: „Wo ist dein Nest?" „Ich habe noch kein Nest und keine Familie", antwortete der zweite Vogel. „Ich bin nicht in der Lage, genug Nektar von den Blumen zu mir zu nehmen, um jemals satt zu werden. Vor ein paar Tagen, als ich auf der Suche nach Nektar war, fand ich vor einem Haus einen wunderbaren Garten. Voll Freude flog ich hinunter. Erst als ich näher kam, bemerkte ich, dass der Garten künstlich war. Alle Blumen waren aus Plastik. Am nächsten Tag fand ich einen anderen Garten, der überaus farbenfroh war. Doch als ich aus einem der Blütenkelche Nektar trinken wollte, stieß ich mir den Schnabel an. Die Blume bestand aus Glas! Eines Tages fand ich dann einen wirklichen Garten voller schöner Blumen. Hungrig wie ich war flog ich hinab, doch ich hielt inne, als ich einen Mann sah, der sie mit chemischem Dünger und Pestiziden besprühte. Ich hätte sterben können! Enttäuscht kehrte ich zurück. Wie es aussieht, gibt es heutzutage nur noch wenige Blumen und die übrig gebliebenen sind von dieser Art! Wie kann ich also hoffen, ein Nest zu besitzen und eine Familie zu gründen? Wie sollte ich meinen Nachwuchs füttern?"

Nachdem der erste Vogel diese Klage gehört hatte, sagte er: „Du hast recht. Seit Tagen versuche ich, ein Nest zu bauen, doch ich konnte keine Zweige finden. Die Anzahl der Bäume nimmt ständig ab. Wenn es so weitergeht, muss ich mein Nest aus Plastikstücken und Eisen bauen."

Unsere Situation ist genau so beklagenswert wie die dieser zwei kleinen Vögel. Es reicht nicht aus, Kinder zu haben – wir müssen auch dafür Sorge tragen, dass sie eine Zukunft haben.

In den letzten 25 Jahre haben wir vierzig Prozent unserer Wälder zerstört. Das verfügbare Quantum an Benzin und Wasser sinkt. Diejenigen, die die Hauptlast dieser Entwicklung tragen müssen, sind unsere kleinen Kinder und deren Kinder. Darüber sollten wir uns im Klaren sein,

Folgt spirituellen Werten und rettet die Welt

aufwachen und handeln. Bei Kampagnen für den Schutz von Wasser, Energie und Wäldern sollte unsere Jugend an vorderster Front mitmachen.

Lust gleicht dem Hunger. Sie findet sich bei allen Menschen. In der Vergangenheit jedoch war das Leben der Menschheit fest in spirituellen Werten verwurzelt, und man war fähig, seine Wünsche zu kontrollieren. Als Amma noch ein Kind war, pflegte Damayanti Amma[15] zu sagen: „Uriniere niemals im Fluss. Er ist Devi[16] selbst." Wenn wir in den Backwaters badeten, erinnerten wir uns an Damayanti Ammas Worte, obwohl das Wasser sehr kalt war. Wir konnten uns beherrschen. Wenn man dem Fluss gegenüber eine ehrerbietige Haltung einnimmt, wird man ihn niemals verunreinigen. Der heutigen Gesellschaft fehlen unglücklicherweise solche Werte. Vorfälle, wie derjenige, der in Delhi passierte, sind ein Beweis dafür. Die Jugend verbringt ihre Freizeit heutzutage damit, das Internet nach Pornographie abzusuchen. Dies ist das gleiche, als ob man Öl ins Feuer schüttete; es lässt ihre Lust nur anwachsen. Einige Teenager haben Amma erzählt, solches Material anzuschauen, habe bei

---

[15] Ammas leibliche Mutter
[16] die göttliche Mutter

ihnen sogar zu unreinen Gedanken gegenüber ihren eigenen Geschwistern geführt. Sie haben ihr *Viveka* verloren. Ihr Zustand gleicht dem eines betrunkenen Affen, der von einem Skorpion gebissen wurde und dann noch von einer herunter fallenden Kokosnuss getroffen wurde. Man kann den Zustand der Jugend auch mit einer Rakete vergleichen, die in das Gravitationsfeld der Erde geraten ist. Um frei zu werden von dem Sog der Schwerkraft, brauchen wir die Startrakete spiritueller Werte.

So wie Eltern ihre Kinder ermahnen, mit dem Spielen aufzuhören und zu lernen, sollten sie sie auch dazu anhalten, einen Eifer für spirituelle Werte zu entwickeln. Wenn unsere Kinder jung und formbar sind, müssen Mütter ihre Töchter ausdrücklich ermutigen: „Sei ohne Furcht. Lass dich von niemandem herunterziehen. Entwickle die Stärke des Herzens." In ähnlicher Weise sollten Eltern ihren Söhnen die Notwendigkeit lehren, Frauen zu beschützen und zu respektieren. In diesen Tagen sind viele Männer wie Einbahnstraßen. Sie müssen wie Autobahnen werden und den Frauen gestatten, an ihrer Seite vorwärts zu kommen. Der Staat mag so viele Gesetze ändern und die Strafen für Sex-Täter verschärfen, wie er

Folgt spirituellen Werten und rettet die Welt

nur will - doch solange wir unsere Kinder nicht mit diesen Werten erziehen, wird niemals ein wirklicher Wandel stattfinden. Die Regierung muss Konferenzen einrichten und den besten Weg finden, anstößiges Material im Internet von dem leicht beeinflussbaren Gemüt unserer Jugend fernzuhalten.

Früher waren alle Schüler verpflichtet, ein gewisses Ausmaß an gemeinnützigem Dienst zu leisten. Amma meint, dass dieses System wieder eingeführt werden sollte. Wenn alle unsere Schulen ihre Schüler wenigstens zweimal pro Woche zu Säuberungs-Fahrten und Baumpflanz-Aktionen heranziehen würden, würde das Problem der Verschmutzung größtenteils verschwinden. Man sollte ihnen auch Noten für diese Einsätze geben. Wir wären dann in der Lage, in unseren Kindern einen Sinn für gemeinnützigen Dienst zu entwickeln, wenn sie in einem dafür empfänglichen Alter sind.

Religion ist heute zu einem weiteren Produkt geworden, das auf dem Markt verkauft wird. „Dies ist eine Religion von guter Qualität! Jene Religion ist schlecht!", so wird Religion von manchen Leuten verkauft. Es ist so, als ob man sagen würde: „Meine Mutter ist eine Heilige. Deine ist eine Prostituierte." Religion sollte nicht dazu dienen, Mauern zu errichten sondern Brücken zu bauen, um Menschen, die sich einst fremd waren, zusammenzubringen. Hierfür ist es notwendig, dass jeder Mensch die tieferen Prinzipien der Religion versteht – die Botschaft von Liebe und Mitgefühl. Auf diese Art und Weise sollte das Leben und die Lehre Swami Vivekanandas zu einer Inspiration für alle werden.

Zum Abschluss möchte Amma eine Anregung geben, von der sie glaubt, sie könnte für die Gesellschaft hilfreich sein. Ebenso wie die Absolventen eines Medizinstudiums zuerst ein Jahr Dienst in ländlichen Gebieten ableisten müssen, so sollte auch mindestens ein Kind aus jeder Familie nach dem Ende seiner Ausbildung dasselbe tun. Staatliche Beihilfen sollten dies ermöglichen. Diese jungen Menschen sollten bei den Armen leben und die Probleme, die sie zu bewältigen haben, verstehen lernen und nach Lösungen suchen, um ihnen zu helfen. So können wir in unserer Jugend Mitgefühl wecken und die Situation der Armen verbessern; das würde diesem Land ein ganzheitliches Wachstum ermöglichen. Wenn Rentner sich auf ähnliche Weise für ein Jahr daran beteiligten, den Armen zu helfen, hätte dies eine geradezu dramatische Auswirkung für unser Land.

Man denke einmal darüber nach: Gibt es einen Unterschied zwischen Menschen und Würmern? Auch Würmer ernähren sich, schlafen, scheiden aus, pflanzen sich fort und sterben am Ende. Tun wir Menschen, nachdem wir diese kostbare menschliche Geburt erlangt haben, denn mehr als das,? Nein – und schlimmer noch: Aufgrund unserer negativen Eigenschaften wie Ärger, Neid und Hass schaffen wir sogar neue *Vasanas*[17]. Das tun Würmer zumindest nicht. Dies ist etwas, worüber es sich nachzudenken lohnt.

Wir sollten unser Leben auf eine Weise gestalten, die sowohl für uns selbst als auch für andere hilfreich ist. Gott hat dem Blitz nur eine kurze Lebensdauer beschieden. Das Gleiche gilt für den Regenbogen. Manche Blumen blühen nur einen einzigen Tag. Der Vollmond scheint nur bis zum Sonnenaufgang. Ein Schmetterling lebt nur wenige Tage. Doch während ihrer kurzen Existenz geben sie der Welt so viel Schönheit und Glück. Amma betet dafür, dass wir aus ihrem Beispiel lernen und unser Leben dazu nutzen,

---

[17] negative Tendenzen, Anhaftungen

Eine Ansprache von Sri Mata Amritanandamayi

diese Welt zu einem noch schöneren Ort werden zu lassen. Färben wir unsere Lippen mit Worten der Wahrheit. Verschönern wir unsere Augen mit dem *Anjanam*[18] des Mitgefühls. Schmücken wir unsere Hände mit dem *Henna*[19] guter Taten. Lasst den Geist mit der Süße reiner Bescheidenheit gesegnet sein. Lasst das Herz erfüllt sein mit dem Licht der Liebe zu Gott und der gesamten Schöpfung Gottes. Auf diese Weise können wir die Welt in einen Himmel verwandeln.

Indien sollte auferstehen. Die Stimme des Wissens, der Selbstverwirklichung und die uralten Worte unserer *Rishis* sollten sich wieder erheben und in der Welt erschallen. Um dies zu erreichen, müssen wir einträchtig zusammenarbeiten. Möge dieses Land, das der Welt die tiefere, wahre Bedeutung von Akzeptanz vermittelt hat, in dieser Tugend fest gegründet bleiben. Möge das Muschelhorn des *Sanatana Dharma* dieses Wiederaufleben in die ganze Welt hinaustrompeten. Swami Vivekananda glich einem Regenbogen, der am Horizont der Menschheit erschien, um uns die Schönheit und den Wert eines aktiven Lebens, das von Mitgefühl und Meditation getragen ist,

---

[18] Färbemittel
[19] Färbemittel

erleben und verstehen zu lassen. Möge also der schöne Traum von Liebe, Furchtlosigkeit und Eintracht, den Swami Vivekananda träumte, Wirklichkeit werden. Möge der *Paramatman*[20] allen die Stärke verleihen, dies zu erreichen.

---

[20] ‚Die höchste Seele' – Gott

www.ingramcontent.com/pod-product-compliance
Lightning Source LLC
Chambersburg PA
CBHW070635050426
42450CB00011B/3200